우리는 조구만 존재야

GOGO 우리는 조구만 존재야

300만 살 도시공룡
브라키오의 일상 탐험

조구만 스튜디오 지음

조구맣지만 안 중요하단 건 아냐

더 퀘스트

안녕하세요?

그림을 그리고, 밤을 자주 새고, 생각이 많은 초식공룡입니다.

그냥 놀고 먹고 싶지만, 제가 아쉽게도 초능력이 없어서요.

일도 열심히 하고 쓸데없는 짓도 하면서

나름대로 잘 살고 있어요.

만나서 반가워요.

Intro
하루하루를 엮어서

이 질문은 평생 나를 따라다녔어요.

이 질문에 대한 답을 찾기 위해
과거의 기록과 기억들을 끄집어냈습니다.

그리고 그 작은 조각들이

지금의 나를
만들었다는 것을 알게 되었어요.

Contents

Intro 하루하루를 엮어서 6
         이 책을 읽는 법 16

Chapter 1 나는 이런 공룡이야

비오는 날엔 새우튀김 20
집안일 28
희망이 가장 큰 시간 33
잠이 오지 않는 밤에는 단호박 스프를 38
빨래 47
심금을 울리네 59
아주아주 사소한 일 69
가장 자신있는 것 80
안킬로의 고백 88

Chapter 2   너와 함께할 때 나는 이래

별 거 아니지만 좋은 선물	96
우리 아빠는 지공남	102
이상한 자세의 아주머니	108
무너진 탑	116
아다리	126
마감 중에 연락을 받으면	132
세상에서 가장 아름다운 단어	139
개	143
노란 집	150
한 입의 지분	156
무관심의 폴더	165
부다페스트로 가는 밤 비행기	173

Chapter 3   세상은 살 만한 곳일까?

실존적 위기	180
원하는 걸 모두 갖췄다면	190
오리백조	195
싸구려 소다맛 껌	201
달팽이 달리	206
국수집	212
모를 때가 더 좋았던 것	220
낯선 이의 기도	231
우주 먼지	237

Outro   룽생은 미로정원   246

Chapter 4   끝난 줄 알았지?

Re-intro

분실물 보관함	258
아무 것도	263
피어싱과 사랑니	270
창작자의 숙명	278
눈사람을 재건하는 사람들	285
작가의 말 _ 늦게 도착한 편지	291
쿠키	295

이 책을 읽는 법

1   시간은 잠이 오지 않는 새벽,
     약간 서글픈 날, 혹은 아무 때나 괜찮아요. (너무 많이 행복할 때만 빼고)

2   침대나 바닥, 푹신한 소파에 앉도록 해요.
     (책상 의자는 추천하지 않아요.)

3   온몸의 힘을 뺍니다. 종이 한 장을 넘길 정도의 손가락 힘,
     그 정도면 충분해요.

4   슬렁슬렁 책을 넘깁니다.

5   질문들이 간혹 보일 겁니다. 옆에 펜이 있다면 써도 좋지만
     귀찮다면 하지 않아도 괜찮아요.

6   다만 생각해볼 질문이 있다면 잠시 멈춰서
     머릿속으로 답변을 생각해봐요.

7   속으로 떠올린 그 답변, 그 조각들이 당신을 만들었어요.

비 오는 날엔
새우튀김

비 오네.

비 오는 날, 바다에서 수영해본 적 있어?

비 오는 날에는 어떤 음식이 생각나요?

집안일

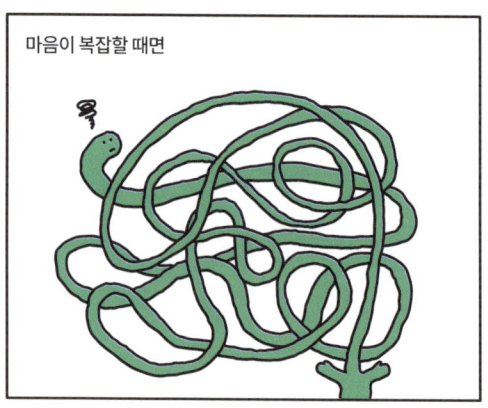

마음이 복잡할 때면

나는 집안일을 한다.

마음이 복잡하면

집도 마음만큼이나 어지럽고 난장판이 되어 있곤 했다.

마음을 정리하기는 너무나 어려운 일이니,

내가 할 수 있는 일이라도 하는 것이다.

집을 정리한다고 해서 마법처럼 모든 문제가 해결되지는
않겠지만 지저분한 집에서 심란해하는 것보다는 깨끗한 집에서
심란해하는 것이 그나마 낫다.

마음이 복잡할 때 뭘 하나요?

희망이 가장 큰 시간

창문을 열어 환기를 하고,

간단한 아침과 함께 먹을 커피를 내린다.

커피를 마시면서 뉴스를 듣고,

조금 긴
체크리스트도
작성하고.

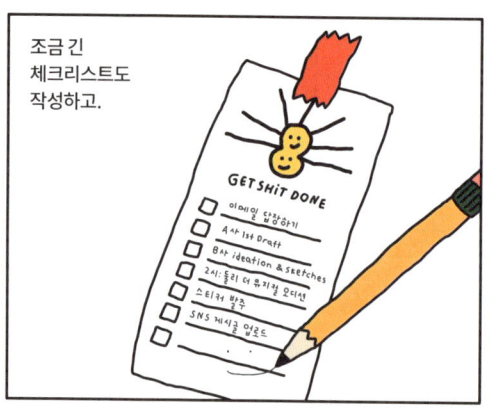

나의 가능성이 가장 큰 시간,
희망이 가장 큰 시간이다.

**하루 중 가장 좋아하는 시간은
언제인가요?**

잠이 오지 않는 밤에는 단호박 스프를

잠이 오지 않는 밤에는 과거에 했던 후회되는 말이나 행동, 선택 따위를 생각하지 말고, 그 아이나, 우주에 혼자 남겨진 것 같다거나 죽음이나 사후세계나, 내가 얼마나 보잘것없는 존재인지 같은 것은 생각하지 말아야 한다. 그런 걸 생각하기 시작하면… 완전히 잠을 못 자게 된다. 그런 생각을 할 바에는 단호박 수프를 끓이는 게 천만 배 더 낫다.

겉을 잘 씻은 단호박을 전자레인지에 3분 정도 돌린 후 조심 조심 꺼낸다. 조금은 부드러워진 단호박을 반으로 자르고, 또 반으로 자르고, 또 반으로 자른다. 그리고 청록색 껍데기도 잘라낸다(먹어도 되지만 색이 안 예쁨!). 주황색만 남은 단호박을 조각내서 다시 전자레인지에 3분 정도 돌린다.
야밤에 이 정도의 노동을 하면 잠이 온다.

다음 날은 눈을 뜨자마자 빵집으로 달려가 갓 구운 식빵을 사올 것이다. 그러고는 냄비에 카라멜라이즈한 양파 볶음과 전날 익혀놨던 단호박을 넣고 우유를 부은 후 보글보글 끓일 거다.
핸드블렌더로 갈다 보면 잠도 스스르 깨겠지.
아침에 나는 아주 달큰하면서도 뭉글뭉글한 단호박 수프와 식빵을 먹게 될 거다. 그때의 기분을 기대하며 잠이 든다.

잠이 오지 않는 밤, 무얼 하나요?

빨래

그런데 최근에 집안일도 어렵다는 걸 알게 됐다.

여느 때와 다름없이 한 빨래에서

꿉꿉한 냄새를 맡게 된 거다.

세탁조를 청소하고, 세제도 바꿔봤지만 소용이 없었다.

날이 습해서 그런가?

하루가 끝나면 뜨거운 물로 샤워를 하고 깨끗하고 편안하게 쉬고 싶은데,

샤월 벗 타월…

꿉꿉한 내 수건들을 생각하면 씻기 전부터 한숨이 났다.

하아…

안락함을 사는 것이다.

<새로운 나를 만드는 단계별 설명서>

1. 스스로를 들어 올리세요.
2. 근처에 있는 코인세탁소에 가져가세요.
3. 세탁기에 집어넣으세요.
4. 동전을 투입하세요.
5. 세탁을 시작하세요.
6. 기다리세요.
7. 세탁기에서 노래가 나올 때까지 기다리세요.
8. 세탁기에서 자기 자신을 끌어내세요.
9. 햇볕이 잘 드는 곳에 널어주세요.

10. 다 됐어요! 짜잔

11. 이제 새로운 당신을 만나세요!

이 내용을 영상으로 보고 싶다면
QR코드를 찍어 보세요.

꼭 해야 하지만
진짜 하기 싫은 일이 뭐가 있나요?

심금을 울리네

유난히 외로운 날이 있다.

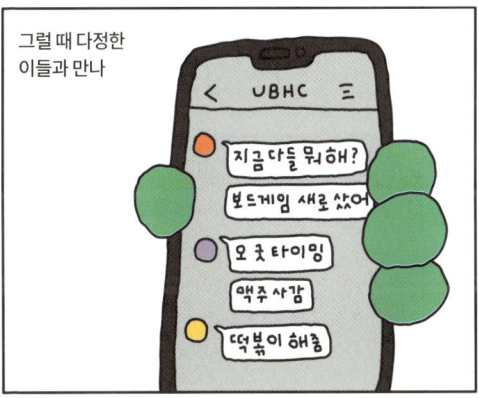

그럴 때 다정한 이들과 만나

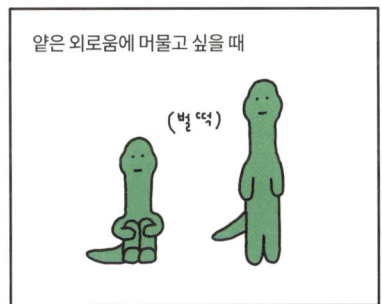

심금 心琴

1. 외부의 자극에 따라 미묘하게 움직이는 마음을 비유적으로 이르는 말.
2. 말 그대로 마음의 거문고(현악기)

사람들은 감동을 받았을 때, '심금을 울린다'는 표현을 쓴다. 이 표현은 부처님에게서 왔다고 한다. 부처님의 제자 중 스로오나라는 사람이 있었다. 스로오나는 고행을 통해 깨달음을 얻으려고 했지만 아무리 열심히 '노오력'해도 깨달음을 얻을 수 없었다. 그는 부처님께 가서 어떻게 해야 하냐고 물었다. 부처님은 말씀하셨다.

"거문고를 켜본 적이 있니?"

"예."

"거문고의 줄은 너무 팽팽하지도 느슨하지도 않아야 고운 소리가 난다. 수행도 너무 강하면 들뜨게 되고, 너무 약하면 게을러진단다. 수행을 알맞게 해야 몸과 마음이 어울려 좋은 결과를 얻는 거야."

이 말을 들은 스로오나는 비로소 깨달음을 얻었다. 부처님의 비유가 마음의 현을 울릴 만큼 깊이 와닿은 것이다. 즉, 심금을 울린 것이다.

내 마음에는 기타가 있다. 외로울 때 사람을 만나고 싶을 때도 있지만 딱히 그러고 싶지 않을 때도 있다. 조금은 얕은 외로움에 머물고 싶을 때 나는 기타를 친다. 서투르지만 그래도 친다. 딱 나만을 위로할 수 있을 정도로(내 연주가 심금을 울리는 연주일 리 없지만, 하하).

기타를 치면서, 나에게 기타와 노래를 가르쳐준 아빠를 생각하고, 그런 아빠와 내 모습을 좋아하며 지켜봤던 엄마를 생각한다. 그런 기억들이 있어 다행이라고 생각하며 기타를 내려놓고 잠이 든다.

심금과 비슷한 영어 단어에는 'heartstring'이 있다. 말 그대로 심장에 달린 끈(현)을 의미한다. 15세기의 사람들은 심장에 연결되어 심장을 유지시키는 신경nerve다발이 있다고 믿었다고 한다. 16세기에 이 단어는 지금 우리가 사용하는 것과 같은, 사람의 감정과 연관된 단어가 됐다. 강한 사랑이나 감동, 동정심을 유발한다는 뜻이다. 심금을 울린다고 표현할 때 영어로는 누군가의 heartstrings를 당긴다고 표현한다.

내 마음에 기타가 있어서 다행이다.

마음이 조금 외로운 날,
듣고 싶은 음악은 무엇인가요?

아주아주 사소한 일

어느 주말 낮, 디플로가 결혼식에 갔다가 기습적으로 집에 왔다. 식장에서 꽃을 나눠줬는데 예뻐서 나에게 주고 싶었다고 했다.

나는 꽃다발을 든 디플로에게 '왜 세상 사람들은 내 시간을 존중해주지 않냐'고 연극을 하는 것마냥 소리를 지르며 화를 내다가 결국 울어버렸다. 이 무렵 나는 같은 이유로 큰 스트레스를 받고 있었다. 모두가 나를 1분 대기조로 알고 있는 것만 같았다. 언제든 출동할 준비가 되어 있어야 한다는 듯 굴었다. 분명 내 시간이었는데 내 마음대로 쓸 수가 없었. 너무나 힘든 월화수목금을 보낸 후 늦게 일어난 터라 나는 씻지도 않은, 꾀죄죄한 상태였다. 결혼식이 끝나자마자

사랑 가득한 마음으로 꽃다발을 들고 온 디플로는 그 어느
때보다도 멀끔하고 예쁜 모습이라 내가 더 초라하게 느껴졌다.
그런 나에게 꽃다발을 건네며 얘기도 안 하고 멋대로 와서
미안하다며 디플로는 머쓱하게 웃었다. 성질 머리가 이따위인
나라서, 마음이 간장 종지만 한 내가 너무 미안해서 더 눈물이
났다. 이 예쁜 마음을 받아들일 마음의 여유가 없는 내가 너무
싫고 창피했다. 한 시간 내에 수정해달라고 하는 담당자에게는
아무 말도 못하면서 쌓아놨던 화를 가장 만만한 존재에게
엉뚱하게 분출해버린 내가 끔찍하게 느껴졌다. 내가 싫어하는
부류의 어른이 되어버린 것이다.

그날의 나는 정말 정말 창피하다. 다시 생각해도 정말
미안했어. 참고로 그날 이후로 디플로는 결혼식에 다녀와도
나에게 꽃을 가져다주지 않는다(완전 손해…).

아주 사소한 일로 화가 난 적이 있나요?

가장 자신 있는 것

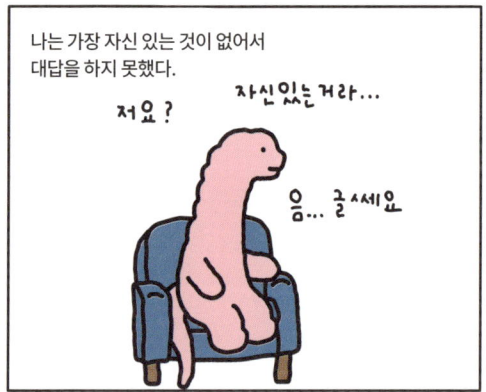

나는 완벽주의자라서 0 아니면 100을 하는데, 그 100을 해내면
여러 사람의 칭찬을 듣기도 하고, 나 스스로도 엄청난 뿌듯함을
느낀다(나란 녀석은 역시…).
하지만 그걸 수행하기 위한 행동을 시작하기까지가 너무나
힘들다. 마지막의 마지막의 마지막 순간까지 회피하다가
가까스로 시작을 한다. 즉, '그 일'을 제외한 모든 일을 한다는
말이다. (온 집안의 모든 거울 닦기, 구석구석 먼지 청소, 화장실
청소, 이불 빨래, 심지어 커튼 빨래까지)
하지만 디플로는 뭘 해도 자기가 중간 이상은 한다는 걸 안다.
그래서 도전하는 게 두렵지 않다고 한다. 나는 100을 못할
상황이 너무나 두려운 겁쟁이인데. 디플로는 "안 하고 후회할

바에는 하고 후회하자!"라면서 그냥 해버린다.

같이 일을 할 때 종종 디플로는 일을 저질러버린다. 그럼 나는 간혹 짜증이 난다. 이 짜증은 불안감에서 오는 거겠지? (내가 이 일을 완벽하게 해내지 못하면 어떡하지? 일을 맡긴 사람이 나한테 실망하면 어떡하지? 이렇게 사기꾼이 되는 걸까? 모두가 나를 안 좋아하게 되면 어떡하지?)

그러고는 열심히, 아주 열심히, 밥도 안 먹고, 잠도 안 자고, 어떨 때는 물 마시는 것도 까먹고, 화장실도 못 가고 그 일을 한다. (나는 도대체 왜 이렇게 피곤하게 사는가)

결과적으로 후회하는 경우는 정말 드물다. 그래서 데이터가 쌓일수록 디플로의 선택이 맞았다는 생각이 든다.

디플로의 도전 정신이 좋고 멋지고 부럽다.

가장 자신 있는 일이 뭔가요?

안킬로의 고백

"저는 세트 메뉴라서 단품으로는 구매할 수 없어요
(It's a package deal)."

우리는 종종 어떤 사람의 빛나는 모습을 보고 첫눈에 반한다.
멋있는 순간의 그 사람을 인식하며 내 인생에 들이게 된다.
하지만 정작 그 사람이 내 인생에 들어올 때는 안 좋은
부분(혹은 내가 싫어하는 부분)도 같이 가져올 수밖에 없다는
사실을 잊곤 한다.
그 사람의 완벽한 모습만을 가질 수는 없다. 어떤 뮤지션의
히트곡만 뽑아서 만든 컴필레이션 앨범을 들으면 '아~ 이
노래!' 하며 흥에 겨워 다 따라부를 수는 있겠지만 어쩌면

그것만으로는 사람이 지금껏 걸어온 길, 전체적인 흐름은 알 수 없을 것이다. 히트 치지 못한 곡들이 있으니까 히트곡이라는 것도 있는 게 아닐까?

그러니까 어떤 사람을 내 삶에 들이는 순간 그의 장점뿐 아니라 단점까지 가지고 들어올 수밖에 없다는 거다. 누구도 완벽하지 않아서 "그건 거기에 두고 내가 좋아하는 모습으로만 와."라고 말할 수 없다.

내가 단점이라고 생각하는 것도 누군가에게는 장점이자 큰 매력 포인트일 수 있다. 내가 싫어하는 면을 다 고쳐놓은 그 사람은 이미 더 이상 그 사람이 아니겠지.

이건 실은 자기 고백이다. 나는 부족한 면이 많고, 약간 고장난 것 같은 부분도 꽤 있는데 이런 나라도 너의 인생 속에 들어가도 괜찮냐고 말하는 거다. 나의 빛나는 부분을 보고 자기 삶 속에 들여놓았는데 모자라고, 못나고, 모난 모습을 보고 내쫓을까봐 겁이 나서 하는 소리다.

예전에는 타인의 평가에 전전긍긍했는데 그래도 이제는 조금 괜찮아졌다. 나도, 너도, 우리 모두도 조금은 부족하다는 걸

안다. 내가 정말 많이 부족하다는 걸 알지만, 내가 나라는
이유로 사과하고 싶지는 않다. 나도 어쩔 수 없이 나로 사는
거니까. 그리고 이런 내가 때로는 싫지만 또 좋기도 하니까.

나를 잘 모르는 사람에게까지 사랑받고 싶어서 걱정하고
불안해하던 어린 나에게 이런 이야기를 이제야 들려준다.

**나의 빛나는 모습과 훌륭한 면모는 무엇인가요?
마음껏 잘난 척해도 괜찮아요.**

Chapter 2
너와 함께할 때 나는 이래

별 거 아니지만 좋은 선물

친구가 작년 내 생일에 보내준
부드러운 곡선으로 이뤄진

고양이 모양 바디필로우.

잠도 잘 못자니까 잘 잤으면 하는
마음이라면서 준 선물이었다.

지금까지 받은 선물 중 가장 기억에 남는 건 뭔가요?
(좋은 의미로든 나쁜 의미로든)

우리 아빠는 지공남

무엇을 할 때 부모님 생각이 많이 나요?

이상한 자세의 아주머니

'나 자신'보다 소중한 건 없다고 생각했는데 그런 생각에
'뎅~' 하고 종이 울리는 경험을 한 적이 있다.

땡볕이 내리쬐던 어느 여름날, 길을 걷고 있었다. 그 날은 정말
빈틈없이 더운 날이었다. 털이 복슬복슬한 하얀 말티즈가 내
쪽으로 아장아장 걸어오고 있었다. 뒤이어 강아지의 반려인인
중년 여성도 걸어왔다. 그녀는 구부정하고 어정쩡한 자세로
앞서가는 강아지에게 양산을 씌워주면서 오고 있었다.
아주머니는 얼굴에 햇볕을 정통으로 맞고 있었는데, 그걸
개의치 않아 하는 것 같았다. 아주머니의 시선은 오로지
강아지에게만 향해 있었고, 강아지는 자기에게 딱 맞춰진 그늘

아래에서 부지런히 걷고 있었다.

'누군가를 어떻게 저런 마음으로 사랑할 수 있을까?'

나는 괜스레 마음이 말랑말랑해졌다.

나보다 소중한 존재가 있나요?

무너진 탑

어렸을 때, 내가 인식하지 못할 정도로 어릴 때부터 나는
미래에 만나게 될 나의 사랑에 대해 상상하곤 했다. 누구일지는
알 수 없지만 '아마도 이런 공룡일 거야' 같은 조건들을
차곡차곡 쌓았다. 생김새는 어떻고, 키는 어떻고, 말투와
목소리는 어떻고, 나와 비슷한 취향과 취미를 갖고 있을 거고,
옷은 어떤 스타일로 입고, 어떤 일을 하는 공룡일지,
어떤 음악을 좋아할지, 어떤 악기를 연주할지, 어떤 식의
언어를 구사할지 등 하나하나 나의 이상형 블록을 쌓아 갔다.

자라면서 몇몇 공룡들을 만났다. "그건 그렇게 쌓으면 안 돼.
이렇게 쌓아야 안정적이지."라며 훈수를 두는 애도 있었고 "와,

나도 이거 좋아하는데, 같이 하자."며 같이 블록 몇 개를 쌓던 애도 있었다. 시간이 지나자 그 애는 흥미를 잃고 다른 놀이를 찾아 떠났다.

그러던 어느 날, 어떤 애가 나타났다. 그 아이는 내가 열심히 구체화한 이상형과는 영 거리가 먼 애였다. 제멋대로 내 영역을 침범하고, 내가 오랜 시간 쌓아온 공든 탑을 와장창 무너뜨렸다. 그러고는 같이 놀자고 했다. 그동안의 나였다면 무례하다고 느끼며 화를 냈을 것 같은데 신기하게도 조금 당황스럽긴 했지만 화가 나지는 않았다.
얼떨결에 그 애를 따라가긴 했는데 같이 노니 재밌었다.
내가 그동안 가까이 지내던 친구들과는 여러모로 거리가 먼 캐릭터였고, 나랑 모든 면에서 너무 다른 애 같았지만 그 다른 점이 신선하고 재미있었다. 또 가끔 닮은 점이 보이면 반갑기도 했다. 그렇게 만나 같이 노는 게 재밌어서 지금도 같이 논다. 앞으로도 같이 노는 게 재미없을 때까지 오래오래 같이 놀고 싶다.

연인을 떠올려보세요.
첫인상은 어땠어요? 지금은 어때요?

아다리

너가 나쁘다는 게 아니야.

그렇다고 내가 나쁘다는 것도 아니고.

너가 잘못했다는 것도 아니야.

너랑 나는 그냥… 아다리가 안 맞아.

나는 운명을 믿는 사람이라 연인이든 친구든 함께 일하는 사람이든 운명적으로 만난다고 생각한다. 하지만 오래 유지되는 관계에는 꼭 '노력'도 한 스푼 추가되어야 함을 이제는 안다(예전에는 몰랐다. 몰라서 그냥 내팽개쳐 버린 관계가 많다). 서로가 서로에게 맞추려는 의지, 의향이 있어야 관계도 오래갈 수 있다.

그 노력 중 하나는 상대의 특정 말과 행동에 대해서 불편함을 느꼈거나 상처를 받았을 때 "이러이러한 말(행동)이 나를 좀 불편하게 해."라고 솔직하게 말하는 것이다. 이런 말을 꺼내는 것은 정말 쉽지 않다. 차마 엄두가 안 나서 그냥 단절해버린 관계들이 얼마나 많은가(이런 내가 부끄럽지만 나도 어쩔 수가

없었다…). 그래도 여러 날 고민하다 있는 용기, 없는 용기를
다 끌어모아 조심스럽게 이야기를 꺼냈을 때 "뭐 그런 것 갖고
그래. 너 되게 피곤하게 산다"며 빈정거리거나 "너는 완벽해?
너도 그때 이러저러했잖아"라며 갑자기 다른 이슈를 꺼내
비난의 화살을 나에게 돌리거나 버럭 화를 내는 사람과는
관계가 오래가지 않는 것 같다.

누군가 용기 내서 한 말을 들었을 때 그에 반박하거나 변명하지
않고 인정하고 사과하고 필요에 따라 왜 그런 말이나 행동을
했는지 차분히 설명하는 것, 누군가 자신의 말로 인해 상처
받았다면 나중에 비슷한 상황이 됐을 때 한 번 더 생각해보고
고치기 위해 노력하는 것, 좋은 관계를 유지하기 위해서는 정말
쌍방의 노력이 필요하다.*

---

* '아다리가 맞다'는 일본어에서 온 말로, 우리말로는 '아귀가 맞다' 정도로 대체해서 쓸 수 있습니다. 여기서는 글맛을 살리기 위해 표현을 그대로 두었습니다. (편집자)

시간을 되돌린다면, 나를 힘들게 했던
그 사람에게 어떤 말을 하고 싶나요?

마감 중에 연락을 받으면

연락이 왔을 때 조금 늦게 답해도
편안한 친구가 있나요?

세상에서 가장 아름다운 단어

대학교 2학년 1학기 전공수업 때, 그 날 수업을 여는 소개말로 교수님은 질문을 던지셨다.

그 해에 미국에서 진행된 '세상에서 가장 아름다운 영단어' 설문조사에서 1위로 뽑힌 단어가 무엇일까 하는 것이었다.

맞춰볼 사람?

'엄마' 하면 떠오르는 단어는 뭔가요?

개

< 과거 어느 날의 일기 >

개를 키울 수 있을까? 내 몸 하나 건사하는 것도 힘든데 다른 생명체를 감당할 수 있을까? 내가 없으면 밥도 못 먹고 아프다고 말도 못하는 작고 연약한 생명체를 챙길 수 있을까?
아마도 나에게 개가 생긴다면 나는 그 녀석의 가장 친한 친구이자, 가장 사랑하고 함께하고 싶은 존재, '최애'가 되겠지. 그래도 나는 일을 하러 나가야 하고 저녁에 돌아올 테니 불안해하지 말라고, 낮에는 현관문 근처에서 소리가 나더라도 그건 내가 아니니 마음을 졸이거나 신나하지 말라고 말해주고 싶지만 강아지는 시계도 볼 수 없고 내 말을 이해했는지도 알 수 없을 것이다. 개를 아주아주 많이 데려오고 싶지만 아직 오지도

않은 헤어짐이 너무 무섭기도 하다. 물론 내가 더 일찍 죽을 수도 있지만 보통은 개가 더 먼저 죽으니까…. 개가 무지개다리를 건넌 후의 공백이 너무 클 것 같아서 개를 만나고 또 사랑하게 되는 일이 두렵다.

생각해보면 집도, 가족도 없는 개들도 꽤 많다. 버려지고, 철창에 갇히고, 끔찍한 일들에 쓰이다가 죽는 녀석들도 있다. 내가 그런 개를 데려온다면? 나는 하나의 세계를 완전히 바꿀 수 있지 않을까? 따뜻한 집을 주고, 쓰다듬고, 먹이를 주고, 같이 뛰어놀며 그 개의 온 우주를 바꿀 수 있지 않을까?

그 녀석이 죽고 나면 나는 정말 슬퍼서 '다시는 키울 수 없을 거야'라고 생각할 수도 있지만 어쩌면 또 다른 개의 삶을 행복하게 해줄 수도 있겠지. 다섯 마리 정도의 개들은 나로 인해 완전히 다른 삶을 살 수도 있을 것이다. 다섯 개의 우주를 바꾸는 마법 같은 일을 하게 되는 거다.

그 우주를 바꾸는 동안 나 또한 개에게 사랑을 받게 될 것이다. 꼬리를 흔들고 뽀뽀를 퍼붓고 내가 다른 일을 하느라 관심을 주지 못해도 화를 내지 않는다. 그저 내 발치에 앉아 자기에게 다시 관심을 가질 때까지 기다리다가 새근새근 낮잠을 잘 뿐이다. 나를 위해 자신이 줄 수 있는 최고의 사랑을 줄 것이다.

나는 과연 개를 키울 수 있을까?

이런 고민을 몇 년째 하던 나에게 수의사 친구가 길쭉한 갈색
닥스훈트 사진을 한 장 보냈다. 자기가 일하는 동물병원에
누가 얘를 버렸다고. 벌써 한 달째 여기 살고 있다고. 네가
데려가겠느냐고.
많은 고민에 더 많은 고민을 하는 나의 인생에 이 작은 개는
망설임 없이 뛰어들었다.

개와 함께 산다는 것은 정말이지 엄청난 일이다.
이 말랑말랑하고 따뜻하고 귀여운 생명체는 평범한 삶을
송두리째 바꾼다. 날씨가 아무리 덥거나 추워도,
내 컨디션이 안 좋아도 하루에 한두 번은 산책을 나가야 한다.
병원비, 사료비, 간식비, 장난감, 작은 옷(개가 좋아하는지는
모르겠으나)까지 혼자 쓰기도 부족한 돈을 쪼개서 개를 위해
써야 한다.
또 늦잠을 잘 수도 없다. 개 스스로 할 줄 아는 게 많지 않아
시중을 들어야만 하는 운명이 된다. 산책을 하다 똥을 싸면
예쁜 조약돌이라도 되는 양 주워야 하고, 집에 돌아가면

어르고 달래서 발을 닦아줘야 한다. 자기 전에는 양치를,
때가 되면 목욕도 시켜줘야 한다. 말을 못하는 이 녀석이
때때로 아프면 안고 울면서 병원으로 달려간다.

언젠가 때가 되면(벌써 슬프네) 주인 없는 밥그릇과 장난감을
보고 아주 많이 울게 될 것이다. 며칠은 집에서 개의
'오도도'하는 발걸음 소리를 환청으로 듣게 될 것이다.
몇 달은 방문을 완전히 닫지 않을 것이다.
이 모든 불편과 귀찮음과 슬픔에도 불구하고 개와 함께 산다.
우리가 서로 주고받는 사랑의 크기는 귀찮음과 슬픔을
뛰어넘고 있으니까.
너의 우주와 나의 우주가 이렇게 연결이 됐으니까.

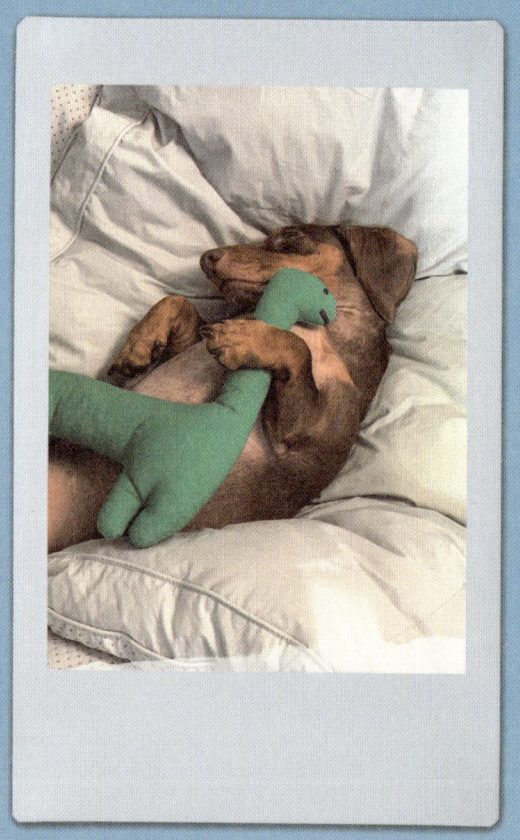

반려동물이 있(었)나요? 이름은 뭐예요?
좋아하는 건 뭐예요?

노란 집

빈센트 반 고흐(1853~1890), 아를, 1888년 9월
캔버스에 유채, 72cm×91.5cm
출처: 암스테르담 반 고흐 미술관(빈센트 반 고흐 재단)

J!

여기 있는 동안 뭘 봐도 네 생각을 많이 하게 돼. 암스테르담에서 혼자 반 고흐 박물관에 갔었어(이 엽서도 거기서 산거고!).
고흐는 정말 외롭고 친구가 필요한 사람이었던 것 같아. 나는 가족이랑 떨어져 있으니까 가족이란 게 뭔지를 자꾸 생각하게 돼.
가족은 남자와 여자의 혼인 관계(+ 자식)로 만들어지는 거라고 지금껏 교육 받아왔지만, 생각할수록 그런 게 아닌 것 같아(대부분 선택할 수도 없는데 어쩌다가 가족이 되어버린 거고).
마음으로 만든 가족. 내가 선택한 가족이라는 게 있는 것 같아.
그리고 나는 그런 게 아무래도 너인 것 같고. 너를 '친구'라는 말로는 다 설명할 수 없거든. 이 세상에 존재하는 말 중 너를 정의 내릴 수 있는 가장 가까운 말을 고르자면 그것은 아마도 가족뿐인 것 같아. 너는 내가 선택한 가족이야.

요즘 같이 사는 사람들*이 너무 스트레스를 많이 받게 해서 주거에 대한 생각도 해봤는데(가족과 주거는 또 별개의 이야기니까) 아무래도 좋아하는 사람들과 같이 살고 싶어.
내 공간도 있지만 같이 맛있는 걸 먹고 마시는 공간도,
신나는 작업을 할 수 있는 공간도 있으면 좋겠다!

고흐도 그걸 원했대. 아티스트 친구들과 같이 살면서 서로에게 영감을 주고 예술적으로나 정신적으로 무럭무럭 자라는 것 말이야(아무래도 이 외로운 남자는 그저 친구들과 같이 있고 싶다는 이유가 제일 컸을 것 같긴 하지만). 아무튼 그 공간이 아를의 노란 집이었고.
고흐는 많은 친구들에게 같이 살자고 편지를 보냈는데 단 한 사람, 고갱만 그 초대에 응했어. 그런데 같이 지내게 된 지 얼마 되지 않아서(63일) 서로의 다름을 알게 됐고 다툼 끝에 고갱이 짐을 싸

---

* 나는 이 때 룸메이트 두 명과 살고 있었다.

들고 집을 나갔대. 고흐는 그 분노와 슬픔(그리고 아마 외로움)을 이기지 못하고 귀를 잘라서 종이에 싸서 매춘하는 여자에게 가져갔지. 경찰이 왔고, 고흐는 며칠 뒤에 스스로 정신병원에 입원했대. 극단적이지만, 나는 어쩐지 이해가 될 것만 같아서 이 그림을 보는데 코끝이 찡했어. 그치만 나는 너가 나랑 안 살아준다고 해서 귀를 자르거나 하진 않을게. 앞머리 정도는 잘라버릴 수도 있겠다.

한국 가면 그런 'home'을 만들어야지! 너는 언제나 환영이야. 네가 올 수 있도록 내 노란 집 대문은 항상 열어둘게.

p.s.
쓰고 보니 정말 정리가 안 되고 보잘 것 없군.
의식의 흐름 기법으로 쓴 이 글도 너는 마음으로 다 이해해줄 거라 믿어. 크크

— 브라키오가

엽서를 보내고 나서 꽤 오랜 시간이 흐른 뒤의 어느 날 새벽, 우울한 J한테 카톡이 왔다. 얼마 전 닉 부이치치 책을 읽었던 터라 책 내용이 기억나서 긍정파워를 좀 나눠줬다.(《닉 부이치치의 허그》) 정확한 글은 기억이 나지 않지만 대충 이런 내용이었다. "너는 아름답고 소중한, 온 세상의 다이아몬드를 다 가지고도 살 수 없을 만큼 값진 존재야. 삶이 언제나 탄탄대로일 수는 없으니 가던 길을 조금씩 수정할 때도 있겠지만 그래도 값진 인생이라는 사실에는 변함이 없어. 환경과 조건이 어떠하든지 여전히 숨 쉬며 살고 있다면 이 세상에서 아직 해야 할 일이 남아 있다고 믿어도 좋아. 사람이 살아가면서 가장 중요한 건 자신의 가치를 깨닫는 거야."

이런 얘기를 해줬는데, J가 말했다.

"너의 가치는 너무 많은데…. 음, 생각을 해보자면 이 지구상 그 어딘가에 존재한다는 사실만으로도 안도감을 느끼게 하는 것."

나는 기습적으로 행복해지고야 말았다.

존재만으로 안도감이 느껴지는 친구가 있나요?
그 친구에게 말해주세요.

한 입의 지분

그렇게 몇 년을 같이 밥을 먹고서야 비로소 서로에게 말로써
설명했다. 디플로가 얼마나 '한 입만 충'을 싫어하는지, 자신은 딱
예상했던 자기 몫 그 이상도 그 이하도 먹고 싶지 않음을 말이다.
계획한 것에서 일이 틀어지는 상황을 불편해하고 또 불안해하는
편이라 밥은 좀 편하게 먹고 싶은 거였다.
자기 밥을 뺏기는 것도 싫고 남의 밥을 먹고
싶지도 않다. 특별한 일을 기념하는 식사가 아닌
일상적인 식사는 그냥 고픈 배를 채우기 위한
행위지 그 이상의 뜻은 없었다.

브라키오에게 식사는 단순한 먹는 행위를 넘어서 다양한 음식을 접하고 누군가와 그 경험을 나누는 시간이었다. 그래서 자연스럽게 자신이 고른 것을 상대가 먹길 원하고, 상대의 것을 자신이 맛보길 원했다. 디플로의 밥에 자신의 지분 한 숟갈이 있다고 생각했고, 디플로가 자기 음식을 거절할 때는 묘한 서운함을 느꼈다.

수백 번, 어쩌면 천 번도 넘게 함께 밥을 먹었는데 말을 하고서야 서로가 이해가 됐다. 그 다음부터 둘은 평화로운 식사를 할 수 있었다.

디플로는 브라키오의 마음을 생각해 브라키오의 한 입을 계획하고 식사를 했다. 브라키오는 디플로가 먹을 서너 입 정도의 밥을 접시 한 켠에 미리 덜어뒀다. 서로의 음식을 바꿔 먹었고 맛이 어떤지 이야기했다. 조금씩 서로가 변해갔다.

하기 힘든 이야기를 하고 나서야
상대가 이해됐던 경험이 있나요?

무관심의 폴더

나는 좋고 싫음이 분명한 애였다.

내 마음에는 명확한 기준이 있고,
무언가를 둘 중 하나로 분류하는 것은 아주 쉬운 일이었다.

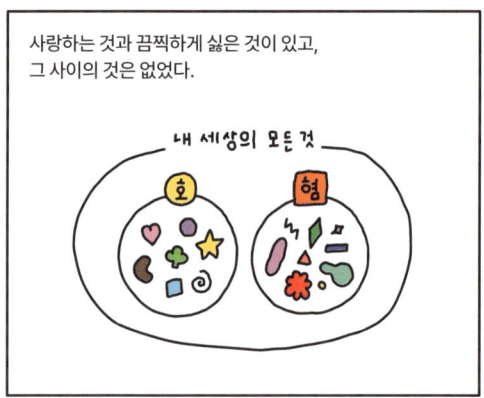

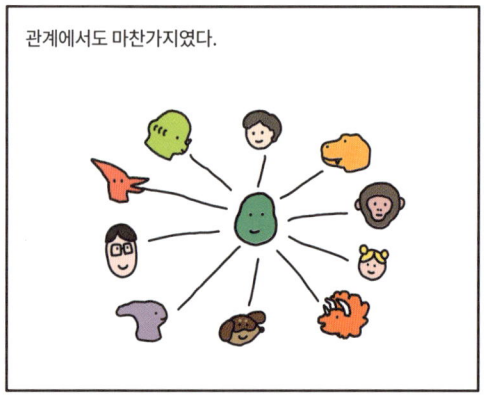

나는 좋아하는 이와 싫어하는 이의
카테고리를 만들고,

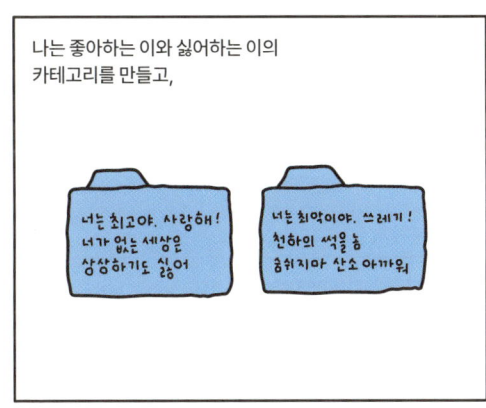

누구든지 이 두 카테고리 중 하나에 넣었다.

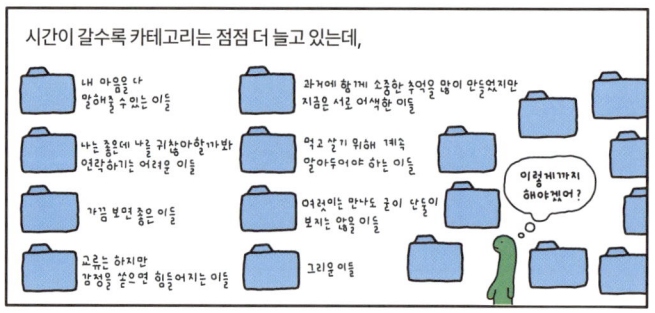

그 중에는 무관심의 카테고리도 있다.

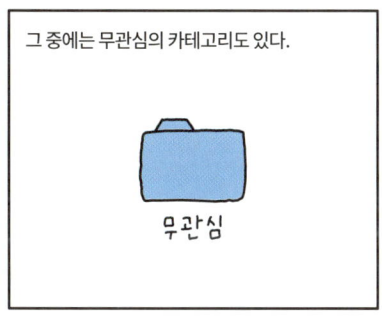

나에게 거의 아무런 영향을 끼치지 않는 이들,
알긴 알지만 모르는 사람과 다를 바 없는 이들이
여기에 속한다.

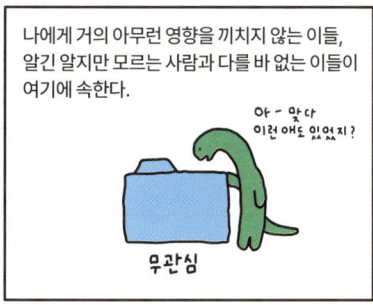

무관심 카테고리에는 이전에 '너 최악'
카테고리에 있는 멤버들 중 다수가 옮겨져 있다.

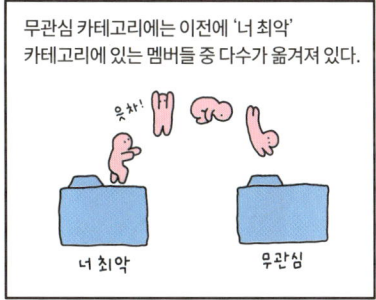

누군가를 향해 정신없이 돌진하고, 순도 99.9%의 마음으로 열망하고, 아낌없이 내어주던 그때의 내가 그리울 때도 있지만

누군가를 죽도록 미워하는 것,

관계에 있어 조금 어른이 되었다고
느낀 적이 있나요?

부다페스트로 가는
밤 비행기

헬싱키에서 부다페스트로 가는 밤 비행기에서 있었던 일이다.
옆자리에 60대 정도의 핀란드 아저씨와 그의 아내 혹은
여자친구로 추정되는 아줌마가 앉았다. 둘은 신문을 펼치고
같이 십자말풀이를 했는데, 알아들을 수는 없지만 내내 즐겁게
대화를 하고 있었다. 어떤 때는 아저씨가 가슴 전체가 울리도록
크게 웃었다. 그는 그녀의 말을 더 잘 듣기 위해 한껏 몸을
기울였고, 계속 그녀의 손을 잡았다. 정말로 신나고 즐거워
보였다. 권태로움 같은 건 찾아볼 수 없었다. 아름다웠다.
비행기가 착륙할 때도 그들은 손을 잡고 있었다.
착륙 안내방송 말미에 "오늘 탑승한 모든 아름다운 여성분들께
해피 인터내셔널 여성의 날이 되길 바란다"는 말이 나왔다.

아저씨는 몸을 기울여 잠든 그녀의 손을 마치 여왕님의 손을 잡듯 감싸 쥐었다.

고작 십자말풀이를 하면서도 저렇게 즐거울 수 있다니. 나는 적잖이 충격을 받았다. 그리고 그 장면을 목격한 게 행운이라고 생각했다. 누군가는 나이 들어서 주책이라고, 아니면 '남자답지 못하다'고 할 수도 있겠다. 하지만 다들 부끄러워서 표현하지 않지만 사실 마음속으로는 누구든 부러워하고 바라는 모습이 아닐까? 나이가 들어서도 함께 있는 것이 즐겁고, 행복하고, 설레는 사랑. 주체할 수 없어서 그게 겉으로 드러나고 표현될 수밖에 없는 사랑. 그 날, 두 쌍의 반짝이는 눈에서 나는 사랑을 봤다. 도나우강의 야경보다 더 반짝이는(아, 진부해. 그렇지만 달리 표현할 말이 없다) 눈빛이었다.

닮고 싶은 연인, 부부가 있나요?

Chapter 3
세상은 살 만한 곳일까?

실존적 위기

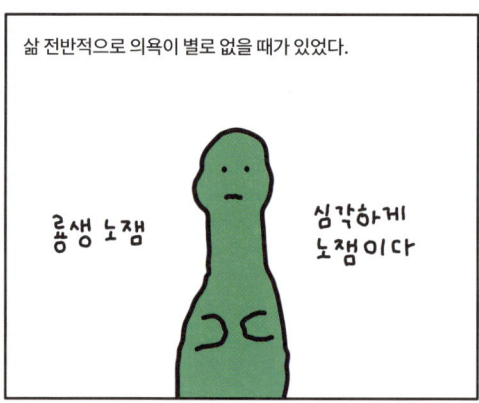

인간과 나만이 서로를 바라보며 '우리가 올 곳이 아니었나 봐요'라고 눈으로 말했다.
이제와 차마 나갈 수가 없어서 가만히 얘기를 들었다.
한 존재가 이야기를 하면, 여기저기서 공감 어린 탄식이 터져나왔다. 비슷한 경험을 나누는 것만으로도 서로에게 치유받고 있었다.

어차피 내가 선택할 수 있는 것은 별로 없다. 가장 내 마음 같은 선택을 하면서 살아야지.

그들이 대화하는 것을 지켜보며, 나도 어째서인지 마음이 점점 가벼워지는 것을 느꼈다.

때로는 나와 같은 이들이 있다는 것을 아는 것만으로도 위로가 된다.

비슷한 생각, 경험을 해서
누군가에게 위로 받았던 적이 있나요?

원하는 걸 모두 갖췄다면

원하는 걸 모두 갖췄다면 한옥에 살아보고 싶다.

보안이 철저하고,

원하는 걸 모두 갖췄다면
무엇을 하고 싶어요?

오리백조

누구도 오리백조를 정의할 수 없다.

당신은 누구세요?

싸구려 소다맛 껌

겨울에 태어나서 추위를 덜 탄다던
택시기사 아저씨가 낮에 준 풍선껌이었다.

싸구려 소다맛이 괜찮다며

앞으로 어떤 길을 택하든지
자신은 언제나 똑같은 소다맛일 거라고 말했다.

예?

앞으로 어떤 길을 선택하든
달라지지 않을 건 무엇일까요?

달팽이 달리

언젠가 시장에서 사온 미나리에 달팽이가 붙어 있는 것을
발견했다. 잠시동안 물끄러미, 아주 물끄러미 바라보았다.
달팽이는 미나리잎 사이에서 어디론가 열심히 기어가고
있었다. 마치 달팽이의 노랫소리가 들리는 것만 같았다.
"나는 멀리 가고 있다네. 아주 느리게 가고 있지만 어디로 가야
할지 정확히 알고 있다네."
밭에서 어떻게 내 집으로 오게 됐는지는 모르겠지만
어쨌든 달팽이는 자신의 목표를 위해 딱 달라붙어 있던 게
아니었을까? 작은 연체동물인 달팽이도 자기가 가야 할 길을
안다.
나는 잘 모르지만 달팽이라도 알고 있으니 다행이다.

지금 어디를 향해 나아가고 있나요?

국수집

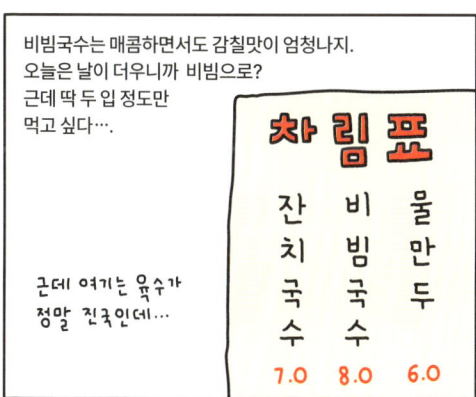

'잔치국수를 먹고 싶지만,
비빔국수도 조금 먹고 싶으니 잔치국수를 한 그릇씩 때리고
비빔국수는 사이드처럼 나눠먹는 지혜라니!
게다가 입장과 동시에 의논할 것도 없이
주문하는 결단력과 유려함까지 겸비했지.
이분들, 찐이다….'

QUESTION

'저 사람은 좀 어른인데?'라고
생각했던 사람이 있나요?

모를 때가 더 좋았던 것

사는데 별 지장 없으면
그냥 모르는 게 나았을 것 같은데….

호르몬 불균형으로 발생한
어린 닭의 알이네.

예전 같으면 운이 좋다고 느꼈을텐데.

그래도 쌍란은 상품성이나 품질, 안전에는 문제가 없다고 한다. 일반 계란보다 비타민 A와 B를 더 많이 함유하고 있다고도 한다. 포화지방과 콜레스테롤도 더 많지만(늘 좋은 것만 많을 수는 없지). 하지만 뭔가 이득이지 않나? 실제로 쌍란들이 외란(?)보다 더 크고 중량도 많이 나간다고 하니까 말이다.

여전히 쌍란이 나오는 날에는 평소보다 조금 더 운이 좋은 날이라고 생각해보자!

차라리 영영 몰랐으면 하는 것이 있나요?

낯선 이의 기도

세상이 난리가 났다. TV에서도 SNS에서도 온통 그 뉴스로 도배가 되었다. 사람들도 그 소식으로 웅성거렸다. 가까운 이들은 물론, 그 사람을 알지 못했던 사람들도 그에 대해 이야기하고 슬퍼하고 눈물을 보이기도 했다.
또 누군가 자살을 했다. 아마 악플 때문일 거라 언론은 보도했다. 복잡하고 어려운 이유들이 얽히고 섞였으리라. 진실은 운명을 달리한 고인만 알고 있겠지.

예전에 핀란드에서 교환학생으로 있을 때의 일이다. 여전히 추웠지만 맑은 날이었다. 수업 끝나고 은행에 가기 위해 광장을 가로질러가는데 한복판에서 서성이는 남자를 봤다.

눈이 마주쳐버려서 형식적인 눈 인사를 했다. 그랬더니 인사를
하고 어느 나라에서 왔냐고, 일본에서 왔냐고 물었다(물음과
동시에 자기가 갖고 있던 얇고 작은 책자 뭉치를 뒤지면서 일본어
책자를 찾았다). 나는 마음속으로 낯선 사람한테 눈 인사를
한 것을 굉장히 후회하면서 한국에서 왔다고 했다. 그러자
그는 영어로 된 책자를 건네 주면서 한국은 크리스천이 많은
나라가 아니냐고, 교회에 다니냐고 물었다. 나는 "교회에
다녔었다."라고 말했다. 그는 "교회에 다녔었다라…."라고 내가
한 말을 반복했다.
나는 그가 나를 붙잡고 지금 당장 다시 교회에 나가야 한다고
강요할까봐 마음속으로 방어 태세를 갖추고 있었다.

"왜? 무슨 일이 있었어?"
"그냥 그렇잖아. 결국 다 세상일이라…."
"그럼 하나님한테 믿음의 동반자들을 달라고 해야지."

나는 그가 갑자기 믿음의 동반자가 되어주겠다고 할까봐 또
마음의 가드를 올렸다.
"예수님도 좋고, 신도 좋은데, 교회에서 만나는 몇몇

공룡들(물론 대부분 좋은 공룡일 거라 믿지만)은 글쎄, 잘 모르겠어."
그는 내 말에 알겠다는 듯이 끄덕끄덕하고 미소를 지으며 자기도 이해한다고 말했다. 내가 그냥 멋쩍게 웃었더니, 중요한 건 교회나 공룡들이 아니라고 했다. 중요한 건 '예수님과 너와의 관계'라고 했다. 나는 그냥 아무 말도 안 하고 그 사람을 봤다. 이름이 뭐냐고 물었는데, 대답하기가 꺼려져 망설이다 이름을 말해줬다.

"너를 위해서 기도하고 싶어, 브라키오야. 너를 위해 신께 기도할게. 그리고 너와 이야기해서 정말 좋았어."

이렇게 대화는 끝났다. 그게 전부였다. 전화번호를 물어보지도, 다짐 같은 걸 받아내지도 않았다. 그저 나를 위해 기도하고 싶다고 했다. 낯선 곳에서 들은 '너를 위해 기도하고 싶어'는 종교를 넘어선 말이었다. 인류애(나는 인간이 아닌데?) 같은 게 느껴졌다. 그가 나를 위해 어떤 신에게 기도해도, 설령 바람이나 꽃에게 기도한다고 해도 좋을 것 같다고 생각했다. 힘든 일이 있을 때마다 종종 그때가 생각난다. 처음 본 나에게

진심 어린 말을 건넸던 사람. 세상에는 나쁜 공룡도 많지만, 좋은 공룡도 많을 거다. 좋은 공룡이 되려고 노력하는 공룡들도 많을 거다.

스스로 목숨을 끊은 이들이 이 사람을 만났다면 다른 선택을 했을지도 모르겠다는 생각을 했다.

오늘 밤은 너를 위해서 내가 기도할게.

기도를 해주고 싶은 누군가가 있나요?

우주 먼지

나는 별이 죽고 폭발하면서 흩뿌려진
별가루로 만들어진 존재였다.

내 몸은 하나의 우주다.
우리 모두 각각의 우주다.

나는 어떤 별의 잔해였으면 좋겠나요?

Outro
룡생은 미로정원

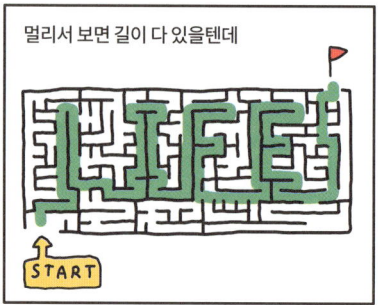

인생이라는 미로에서 매일 길을 잃어요. 어쩜 그렇게
매일이냐고 따져 묻고 싶을 만큼요. 종종 넘어지기도 하고 또
때로는 울기도 하지만 웃을 때도 많죠. 안 가려면 안 갈 수도
있겠지만 그래도 일어서서 다시 걸어보려고요.

이 걸음이 출구로 향하는지는 솔직히 잘 모르겠어요.
그래도 멈추는 것보다는 나을 테니 오늘도 갑니다.

그 길에서 이렇게 당신도 만나게 되어 정말이지 반가워요. 내
등장이 당신의 여정 중 아주 조구만 즐거움이 되었다면 더할
나위 없이 기쁠 거예요.

나를 만나서 당신이 조금이나마 즐거웠다면 나는 포기하지 않고 걷길 참 잘한 걸 거고요. 그럼 우리 다시 마주칠 때까지 안녕!

Chapter 4
끝난 줄 알았지?

Re-intro

분실물 보관함

* 'Lost & Found'는 직역하면 '잃어버리고 찾음'이지만 일반적으로 '분실물 보관함'의 의미로 사용된다.

If I were to be in a box, I would be in a lost and found and lost again box. (만약 내가 어떤 상자에 들어가 있다면, 나는 아마 분실물 보관함에 들어가 있을 것이다.)

그런데 그 상자에는 그냥 'Lost & Found(분실물)'가 아니고 'Lost & Found & Lost Again(분실됐다가 찾았다가 다시 분실됨)'이라고 적혀 있을 것만 같다.

계속해서 길을 잃기 때문이다. 요즘의 나는 분실물 보관함에 들어가 앉아 있는 느낌이다. 누가 나를 좀 찾아주기를 바라면서, 굉장히 수동적인 태도로 상자 안에 꾸깃하게 들어가 있는 거다.

"꾸깃한 나를 누가 좀 꺼내줘요. 누가 나를 좀 깨끗하게 세탁하고, 햇볕에 널어주고, 팡팡 털어줘요."라고 말하고 싶은 심정이다.

가끔 누군가 상자 앞에 와서 "브라키오, 너 그동안 너무 열심히 살아서 그래. 그냥 몇 달 쉬면 괜찮아질 거야. 넌 멋진 이야기꾼이잖아. 그리고 넌 그림 그리는 걸 좋아하잖아."라고 말을 걸어주었지만, 분실물처럼 상자 안에 찌그러져 있는 나를 직접 꺼내주는 사람은 없었다.
이런 위로나 격려의 말들이 다 손에 잡히지 않는 허상처럼 느껴졌다. 내 자신조차도 내가 누군지 모르는 사람처럼, 그저 낯선 이처럼 느껴졌다.

나는 보통 스마트 워치로 수면을 측정하는데(평소에 잠을 잘 못 자고, 자다가 열 번도 넘게 깨고, 자는지 안 자는지 모르겠는 몽롱한 상태로 있을 때가 많아서), 워치마저 잃어버린 지 3일째 되던 어느 날, 친구에게 푸념을 했다.

"침대에 9시간 있었는데 너무 피곤해. 입술이 터지고 있음ㅋㅋ

어이가 없다. 내 수면 상태가 어떤지 몰라서 '그냥 그런가
보다' 하고 피곤해하고 있어. 왜냐면 워치를 안 차고 자서
진짜 모르거든. 잃어버린 지 벌써 3일째야. 지갑은 한 달 만에
찾았는데, 다음 날 워치를 또 잃어버렸어. 집 어딘가에 있을
텐데, 심지어 방전돼서 못 찾아. 배터리 없어서 벗어놨거든."
친구는 말했다. "그럼 언젠가는 나올 거야. 나도 서랍장 뒤에서
몇 년 만에 지갑 찾았잖아."

친구의 '몇 년 만에 이사하다가 지갑 찾은 썰'을 듣고 문득 이런
생각이 들었다. '뭐든 잃어버렸다가 찾을 수 있구나!'
'나'도 마찬가지인 것 같다. '나'도 잃어버릴 수 있고, 다시 찾아질
수도 있다. 그리고 '나'를 찾는 건 그 누구도 대신 해줄 수 없고
결국 나만이 해내야 하는 일이라는 것도.

언젠가 다시 잃어버릴 것이라는 사실이 너무나 지난하고
지겹지만, 내가 잃어버려질 수도 있고, 또 다시 찾아질 수 있다는
사실을 기억하고 싶다.

아무 것도

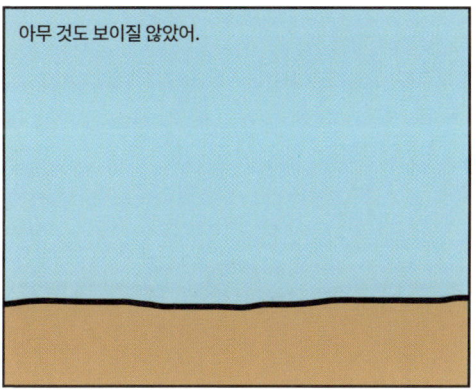

개와 산책을 하면, 혼자였다면 절대 들어갔을 리 없는 골목에 들어가게 될 때가 있다. 집 근처 골목의 어느 담벼락 앞에 놓여진 고무 다라이와 그 옆의 깨진 화분에는, 겨우내 앙상한 나뭇가지만 남아 있는 식물(혹은 식물이었던 것)이 바짝 마른 미라처럼 서 있었다.
그 고무 다라이와 화분, 그리고 앙상한 식물이었던 것을 지날 때마다 "와, 진짜 흉물스럽다. 왜 안 치우지?"라고 생각하며 마음속으로 그것을 잔뜩 흉봤다.

그러던 어느 날, 나는 보게 되었다. 미라 같은 앙상한 손가락 끝에 자라난 작은 연두색 싹을. "뭐야, 살아 있었던 거야?!"라고 생각하며, 큰 충격과 감동과 미안함과 부끄러움을 한꺼번에 느꼈다.

죽은 줄 알았는데, 사실은 살아 있었구나. 사실은 이 춥고 매서운 긴 기간 동안 온 힘을 다해 준비하고 있었구나. 그리고 때를 기다렸구나. 그날 이후로 나는 온 마음을 다해 그 식물을 응원하게 되었다.

거짓말처럼, 다시 봄이 왔다.

언제 봄날이 왔다고 느껴요?

피어싱과 사랑니

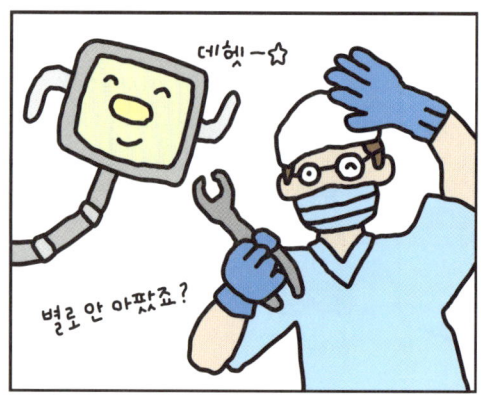

사람들은 왜 스트레스를 받으면 매운 떡볶이를 먹고 싶어할까?
누군가는 혀가 아릴 정도로 매운 4단계 마라탕을 주문하고
누군가는 몸을 극도로 혹사시킬 정도로 운동을 한다. 나는 어릴
때부터 손톱을 물어뜯고 손가락 거스러미를 피가 날 때까지
뜯어왔다.
처음 가는 장소에 가거나 어색한 사람을 만나거나 영화관에서
액션 영화를 보거나 가기 싫은 회의에 참석하거나 할 때
항상 손톱이나 거스러미를 지독하게도 뜯었다. 영화관을 나와
열 손가락을 펼쳐보면, 그중 대여섯 손가락에서는
피가 나고 있었다. 왜 그런지는 모르겠지만, 계속 그래온 거다.
그런 생각을 하며 무심코 거울을 보다가, 불현듯 피어싱도 자해의

일종이라는 걸 깨닫게 되었다. 나는 주삿바늘이 무서워서 (내 의지로는) 예방접종도 안 하는데, 어릴 때부터 스트레스를 받을 때마다 피어싱을 하곤 했다. 엄마의 권유로 (물론 나도 동의했다) 9살 때 난생처음 귓불에 하나를 뚫었고, 이후 중학교 때 귓불에 하나 더 뚫었다. 그후로는 귓바퀴에도 여럿, 트라거스에도, 그리고 대학교 1학년 때는 혓바닥도 뚫었다. (지금의 나를 아는 사람들은 내가 한때 혀 피어싱을 했다고 하면 믿을 수 없다는 표정을 짓는다.) 요즘도 종종 코나 입술을 뚫는 상상을 하곤 한다. 그런데 그렇게 잘 보이는 곳에 피어싱을 하는 건, 보통의 헌신만으로는 할 수 없는 일일 것 같다.

요즘은 스트레스를 극도로 받을 때 사랑니를 뽑는다,라고 하기엔, 사실 사랑니를 한 번밖에 안 뽑았고, 이제 뽑을 사랑니도 하나밖에 남지 않았다. (그렇다. 나는 운이 좋게도, 혹은 안 좋게도 사랑니가 두 개밖에 없다.) 남은 사랑니는 돌파구가 필요할 때 뽑기 위해 아껴둔 것이다.

최근 극심한 압박감을 느껴 "사랑니를 뽑아야겠다!"는 생각이 든다는 이야기를 (코에 피어싱을 하고 온몸에 귀여운 낙서 같은 타투를 잔뜩 한) 친구 망고와 걸으며 나눴다. 망고는 타투도 자해의 일종이라고 말했다. 귀엽고 멋진 도안을 아껴뒀다가 스트레스가 극에 달했을 때 타투를 하러 가는데, 그럴 때마다 잠깐 스트레스가 풀린다고 했다.

'아… 타투도 자해였구나.' 망고는 군대 신체검사 때 그 사실을 알았다고 했다. 신검에서 몸에 문신이 있는 사람은 손을 들라고 하더니, 그들을 따로 모아놓았다고 한다. 왜냐하면, 문신도 자해의 일종으로 간주되어 군대 생활을 할 수 있는 정신이 온전한 사람으로 판단되지 않았기 때문이란다.

하지만 이제 문신이 흔해졌고, 문신이 있다고 다 군 면제를 시키면 군대에 갈 사람이 너무 적어지기 때문에 이제는 문신이 있어도 군대에 간다는 얘기를 해줬다. 신기한 이야기였다.

손톱과 거스러미를 뜯는 것도 피어싱을 하거나 사랑니를 뽑거나 타투를 하는 것도 이제는 무슨 의미인지 알 것 같다.
스스로 긴장을 풀어주고 불안을 잠재우고 스트레스를 낮추려는 행위였던 것이다. 다시 그런 순간이 오면 '아, 나 지금 불안하구나. 긴장되는구나?' 하고 한 걸음 물러나 그저 지켜봐 주면 되는 것이었다.

물론, 쉽지는 않다.

힘이 들 때 뭘 하면 조금 나아지나요?
(저 좀 알려주세요 제발)

창작자의 숙명

숙명이라고 말했지만, 사실은 저주처럼 느껴질 때도 많다. 그럼에도 하고 싶은 이야기들이 자꾸만 머릿속에 떠올라서 나는 그것을 강박적으로 그림으로, 글로 기록할 수밖에 없다. 말하자면, 토하는 것에 가깝다. 내 의지로 참기가 극도로 어려운 것이다. 그러다가 어떤 시점에는 그것이 세상에 나온다. 아직은 나도 이것을 왜 하는지 답을 찾지 못했지만 그럼에도 할 수밖에 없다. 하다보면 언젠가는 알게 되겠지. (영영 모르면 어떡하지?)

누군가는 '예에수울'하냐고 오버한다고 말할 수도 있겠지만 나는 그냥 그런 생각이 든다.

어떻게 생각해?

디플로

자기 작품이 너무 마음에 들고 만족스러우면, 더 아름다운 표현에 대한 갈망도 사라지는 거야.

끊임 없이 새로운 무언가를 만들 이유도, 재미도 사라져버리는 거야.

그건 끔찍한데?!

코바늘여인

안타깝지만 뭔가를 만들어내는 사람은 어쩔 수 없이 그걸 느끼는 게 아닐까?

모든 사람이 그걸 경험하진 않을 것 같아.

난 솔직히 부럽기도 해.

오...

그렇게 생각할 수도 있군!

고고

창작자는 자기가 만든 쓰레기를 견디는 자다.

ㅋㅋㅋㅋㅋㅋㅋ

ㅇㅈ

왜 하는지 모르겠지만
하게 되는 그런 것이 있나요?

눈사람을 재건하는 사람들

눈이 올 때면 인간이 얼마나 귀여운지 깨닫곤 한다. 눈이 다 내리고 난 뒤, 마법처럼 동네 곳곳에 생겨난 크고 작은 다양한 모양의 눈사람들과 눈동물들이 인간의 귀여움을 말해준다. 인간이 문제라고, 인간 너무 싫다고 종종 이야기하지만 나는 사실 인간을 좋아한다. 실망하기 싫어서 기대하지 않는 척할 뿐이다.

엄청 추웠던 겨울의 어느 밤, 맥주를 사러 편의점에 가는 길에 무너진 눈사람을 봤다. 눈사람의 머리가 몸통에서 데구르르 떨어져 나가 있었다. 누가 깨부순 걸까? 한때 파프리카 코를 가졌던 눈사람을 한 부대의 용맹한

눈오리들이 줄 지어 호위하고 있었다

맥주 세 병과 부숴 먹을 라면과 복숭아 통조림을 심사숙고해서
고르고 편의점에서 나오는 길에 다시 그 눈사람(이었던 것)을
지나가게 되었다. 그런데 두 명의 사람들이 눈사람 머리를
다시 몸통에 붙이고 있었다. 장갑도 안 끼고.

인간이 귀엽다는 사실을 다시금 깨닫는 순간이었다. 그리고
다시 인간에게 기대를 해도 좋겠다고 생각하면서 뽀득뽀득
눈을 밟으며 집으로 향했다.

누군가는 눈사람을 발로 차서 망가뜨리고 쓰러뜨리지만,
또 누군가는 빨간 손을 호호 불어가며 다시 고쳐주려 한다는 것.
앞으로도 그걸 잊지 말아야겠다. 눈사람을 재건하는
인간들에게 희망을 걸어봐야겠다.

마지막으로 눈사람을 만들어 본 게
언제인가요?

작가의 말 _ 늦게 도착한 편지

5년 전에 썼던 편지를 이제야 보냅니다. 이 책의 초판은
2020년 겨울에 나왔으니, 벌써 시간이 참 많이 지났어요.

오래전부터 이것과 저것과 그것이 잔뜩 엉킨 채 제멋대로
부유하는 너무 많은 생각들과 별 쓸데없지만 강렬한
경험들을 서랍 속 아무렇게나 처박아두곤 했어요. 저는
그저 부유하게 두고 싶다고 할 정도로 엄두가 안 났답니다.

그 오래된 서랍을 열어 햇볕과 신선한 바람을
들게 해준 편집자 예진(a.k.a. 코바늘 여인)님,
먼지가 가득한 뭉텅이들을 기꺼이 붙잡아
지저분한 것들을 툭툭 털고, 후-
불어서 한 가닥 한 가닥 예쁜 실로
뽑아내준 벤(a.k.a. 디플로).

이런 걸 만들어도 되나? 끊임없이 의심하고
불안해했고, 포기하고 싶은 새벽도
있었지만, 우리는 함께 그 하나하나의 실에 시간과

노력을 켜켜이 들여 무언가를 만들어냈어요.
그렇게 이 책은 떠졌어요. 담요 같은 책.

도중에 멈추지 않고, 끝까지 해내서 다행이라는 생각이
듭니다. 우리가 결국 이걸 완성했다는 사실이 기뻐요.

당신에게 포근하고 따뜻한 담요가 되었으면 좋겠어요.
번쩍이고 으리으리한 곳에 가져갈 수는 없을지라도,
몸이 으슬으슬할 때 편하게 집어들어 몸을 감쌀 수 있는
담요 정도는 되길, 당신을 포근하고 편안하게 감싸주기를
바라봅니다.

5년 전에 하고 싶었던 그 말들을 늦게나마
이렇게 전합니다. 모두들 고마워요.
지금 이 페이지까지 봐준 당신도요!

2025년 봄,

사랑을 담아 브라키오가

우리는 조구만 존재야

초판 발행 · 2020년 12월 11일
개정판 2쇄 발행 · 2025년 5월 9일

지은이 · 조구만 스튜디오
발행인 · 이종원
발행처 · (주)도서출판 길벗
브랜드 · 더퀘스트
출판사 등록일 · 1990년 12월 24일
주소 · 서울시 마포구 월드컵로 10길 56 (서교동)
대표전화 · 02) 332-0931 | **팩스** · 02) 323-0586
홈페이지 · www.gilbut.co.kr | **이메일** · gilbut@gilbut.co.kr

기획 및 편집 · 유예진(jasmine@gilbut.co.kr), 송은경, 오수영
제작 · 이준호, 손일순, 이진혁 | **마케팅** · 정경원, 정지연, 이지원, 이지현 | **유통혁신** · 한준희
영업관리 · 김명자 | **독자지원** · 윤정아

디자인 · 조구만 스튜디오 | **본문 조판** · 정희정 | **CTP 출력 및 인쇄** · 예림인쇄 | **제본** · 예림인쇄

- 더퀘스트는 (주)도서출판 길벗의 인문교양·비즈니스 단행본 브랜드입니다.
- 이 책은 저작권법의 보호를 받는 저작물로 이 책에 실린 모든 내용, 디자인, 이미지, 편집 구성은
  허락 없이 복제하거나 다른 매체에 옮겨 실을 수 없습니다.
- 인공지능(AI) 기술 또는 시스템을 훈련하기 위해 이 책의 전체 내용은 물론 일부 문장도 사용하는 것을 금지합니다.
- 잘못 만든 책은 구입한 서점에서 바꿔 드립니다.

© 조구만 스튜디오, 2025

ISBN 979-11-407-1286-1 (03810)
(길벗 도서번호 090228)

정가 18,800원

독자의 1초까지 아껴주는 정성 길벗출판사

(주)도서출판 길벗 | IT단행본, 성인어학, 교과서, 수험서, 경제경영, 교양, 자녀교육, 취미실용 **www.gilbut.co.kr**
길벗스쿨 | 국어학습, 수학학습, 주니어어학, 어린이단행본, 학습단행본 **www.gilbutschool.co.kr**
인스타그램 · thequest_book | **페이스북** · thequestzigi | **네이버포스트** · thequestbook

(+ cookie)

세상과 맞서 싸우는 나도,
걱정이 많은 나도 나다.
그래도 오늘은 워리어가 될래.